Club de jóven
Encanta

Escrito por Xanna Eve Chown
Ilustrado por Luna Valentine

chicas X chicas

ADVERTENCIA DE SEGURIDAD

Por favor, consulta a un adulto antes de encender velas. Nunca permitas que una vela se consuma sobre o cerca de algo que pueda incendiarse. No dejes nunca una vela encendida sin supervisión y mantén las velas alejadas de los niños y los animales domésticos. Lo mismo aplica a varillas, conos o cualquier elemento para sahumar.

Dirección editorial: María José Pingray
Coordinación de proyecto: Jesica Ozarow
Edición y corrección: Pamela Pulcinella
Diagramación: Shhh! Ilustradores
Traducción: Soledad Gopar
Producción industrial: Aníbal Álvarez Etinger

© 2022, Arcturus Publishing Limited.
Autores: Xanna Eve Chown y Marion Williamson
Ilustraciones: Luna Valentine
Diseño: Rosie Bellwood
Edición: Donna Gregory
Publicado originalmente en inglés bajo el título: The Teen Witches´ Guide to Astrology

Chown, Xanna Eve
    Encantamientos / Xanna Eve Chown ; coordinación general de María José
Pingray ; editado por Pamela Pulcinella. - 1a ed. - Ciudad Autónoma de
Buenos Aires : Chicas x Chicas, 2023.
    128 p. ; 20 x 13 cm.
    ISBN 978-987-8930-04-6
    1. Libro de Entretenimientos. I. Pingray, María José, coord. II. Pulcinella,
Pamela, ed. III. Título.
    CDD 793.21

Contenido

Introducción

Cómo funcionan
los encantamientos

Los encantamientos son una forma de aprovechar la energía de las fuerzas invisibles que existen en el universo, utilizando palabras, acciones y el poder de tu mente. Dentro de cada uno de nosotros hay magia esperando ser liberada. Este libro te mostrará cómo.

Es extremadamente importante conocerse a sí mismo antes de iniciarse en el mundo de los encantamientos... ¿Qué tipo de persona eres? ¿Cuáles son tus puntos fuertes y débiles? Cuando te conoces y comprendes, el poder de tu personalidad te ayudará a crear hechizos positivos y efectivos. Esto se debe a que la magia más poderosa proviene de tu interior. Los hechizos son las creaciones de tu carácter interno y de los deseos más sinceros.

Sin embargo, así como tenemos el poder de hacer el bien, también tenemos el poder de dañar. Al dañar a otros, nos dañamos a nosotros mismos y desvirtuamos nuestra propia naturaleza. Es fundamental recordar que nunca se debe lanzar un hechizo, no importa lo bueno que sea, para o sobre otra persona, a menos que haya dado su consentimiento.

Cualquier encantamiento
negativo que pronuncies
puede volverse contra ti con
el triple de poder. Por lo tanto,
si lanzas un hechizo dañino,
solo acabarás perjudicándote
a ti misma.

Los ingredientes adecuados

Para que un hechizo funcione correctamente, tienen que confluir varios aspectos:

1. **El hechizo correcto**
2. **Los elementos apropiados**
3. **El momento del hechizo**
4. **El estado de ánimo de la hechicera**
5. **La voluntad de los poderes invisibles del universo**

1. EL HECHIZO CORRECTO

Asegúrate de haber elegido el mejor hechizo para alcanzar tus objetivos. Por ejemplo, si quieres proteger un objeto, es fundamental que utilices un hechizo de protección antes que uno para la suerte.

2. LOS ELEMENTOS APROPIADOS

Hay muchos aceites, velas y piedras diferentes que puedes utilizar al pronunciar hechizos, y necesitarás tiempo para armar tu propia colección. Busca suministros en tiendas alternativas y de regalos, o consulta las tiendas en Internet para obtener una mayor variedad. A medida que te conviertas en una experta en el arte de los hechizos, coleccionarás una variedad de herramientas y objetos mágicos. Guarda estos objetos en una caja de hechizos, envueltos en seda o en una tela que sea especial para ti.

¿Qué puede contener tu caja de hechizos?

- **Velas**
- **Brújula**
- **Cristales**
- **Hornillo y aceites esenciales**
- **Varillas de incienso y soporte**
- **Hierbas**
- **Bolígrafo y papel**
- **Telas de diferentes colores**
- **Cintas**
- **Tijeras**
- **Hilo de coser**
- **Pequeños recipientes para el agua, hierbas, aceites, sal, etc.**

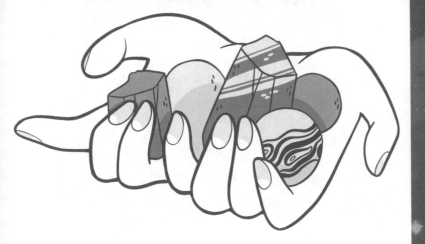

VARITA MÁGICA

Puedes realizar encantamientos exitosos sin una varita, aunque usar una añadirá poder y energía a tus hechizos. Puedes confeccionar una tú misma con un trozo de madera con la que sientas una fuerte conexión. El tipo de árbol de la madera también tiene un significado.

El significado secreto de los árboles

- **Abedul:** cuidado y nutrición
- **Abeto:** nacimiento
- **Acebo:** sueño y suerte
- **Avellano:** sabiduría y comunicación
- **Cedro:** vida
- **Espino blanco:** protección y matrimonio
- **Espino negro:** sabiduría y protección
- **Hiedra:** misterio y matrimonio
- **Manzano:** amor y sanación
- **Olmo:** amor
- **Roble:** fuerza y valentía
- **Sauce:** imaginación
- **Saúco:** protección
- **Tejo:** protección y renovación

HAZ TU PROPIA VARITA

1. Corta un bastón de la longitud de tu brazo, desde la punta del dedo corazón (dedo mayor) hasta el codo.

2. Utiliza papel de lija para alisar la corteza, y asegúrate de que los extremos de la varita sean suaves.

3. Deja la varita así para que tenga un aspecto natural o enrolla cintas o hilo alrededor de su empuñadura para decorarla.

4. Antes de usarla por primera vez, sostiene tu varita y cárgala de energía mágica, pronunciando las siguientes palabras:

Oh, poderes invisibles del universo,
estoy dando mi primer paso
hacia el camino del conocimiento.
Bendice y carga esta varita
con tu fuerza.
Ayúdame a usarla sabiamente
para hacer el bien.

11

3. EL MOMENTO DEL HECHIZO

Muchos encantamientos deben realizarse en un momento determinado del día. Algunos necesitan el poder místico de la Luna, otros requieren de las energías más luminosas del Sol. Cada día de la semana tiene una energía y un poder únicos. Para cada encantamiento, decide qué energía te favorece más, y lanza el hechizo en ese día.

Energía de cada día de la semana

- **Domingo:** ambición, diversión, verdad y éxito
- **Lunes:** emociones, sueños e imaginación
- **Martes:** valor, energía, protección y confianza
- **Miércoles:** comunicación (incluye llamadas telefónicas y correos electrónicos) e información
- **Jueves:** suerte, riqueza y éxito
- **Viernes:** citas, amistad y amor
- **Sábado:** exámenes, paciencia y protección

LA LUNA

La Luna es un elemento vital de muchos encantamientos. Busca una agenda o almanaque, y averigua los días de cada mes en los que hay luna llena. Si no, compruébalo en línea. Encontrarás muchas calculadoras de fases lunares en Internet.

Luna nueva

La luna nueva rige los nuevos deseos, amores y proyectos. Es el mejor momento para realizar hechizos para nuevos comienzos.

Luna creciente

Esto sucede cuando la luna parece estar creciendo. Es perfecta para dar fuerza extra a los hechizos que ya has comenzado o fortalecer algo que ya existe. Es un buen momento para los hechizos de suerte.

Luna llena

La luna llena concede un gran poder mágico y es perfecta para los hechizos de curación. También es un buen momento para cargar los objetos mágicos con energía extra.

Luna menguante

Esto sucede cuando la luna parece volverse más pequeña. Es el mejor momento para realizar hechizos que busquen disminuir o eliminar algo negativo.

4. EL ESTADO DE ÁNIMO DE LA HECHICERA

Para lograr que los hechizos funcionen, necesitas los materiales, las palabras, y el lugar y el momento correctos. Todas estas cosas son el trabajo de tu ser físico. Pero la parte más importante para hacer que los hechizos ocurran tiene lugar dentro de ti, y este es el trabajo de tu ser espiritual. Tu estado de ánimo tendrá un efecto sobre el encantamiento. Puede cambiar la intención del hechizo o impedir que funcione en absoluto. Debes estar calmada y con los pies sobre la tierra cuando estés trabajando en un hechizo.

En aquellos días en los que tu ser físico y espiritual están en armonía, te sientes feliz, confiada y relajada. Pero puede haber días en los que te sientas triste, preocupada o desequilibrada. Los hechizos pueden ayudarte con esto. A medida que tu ser físico cambia y crece, tu ser espiritual también lo hace, pero depende de ti cuánto. Tu ser espiritual sigue creciendo hasta que decidas detenerte. ¡Siempre está dispuesto a aprender más! Cuanto más aprenda tu yo espiritual, mejores y más eficaces serán tus encantamientos.

Puedes tocarte la cara y las manos. Este es tu ser físico. Tu ser físico necesita comida, agua, calor, refugio, ejercicio y juego.

No puedes tocar tus ideas o tus opiniones, tus pasiones o tus esperanzas. Este es tu ser espiritual. Tu ser espiritual necesita guía, amor, apoyo, bondad, perdón y confianza.

Ambos forman parte de ti, pero los demás solo pueden ver tu ser físico. No pueden ver tu ser espiritual. Sin embargo, tanto tu yo físico como tu yo espiritual merecen atención y cuidado.

5. LA VOLUNTAD DE LOS PODERES INVISIBLES DEL UNIVERSO

Al lanzar un hechizo, estás invocando los poderes invisibles del universo para ayudarte a lograr tu objetivo. Para que tu hechizo funcione, esas energías deben estar dispuestas a ayudar. Cuando llamas a energías invisibles sin un objetivo claro, es poco probable que tus hechizos funcionen. Mejorar tu habilidad para enfocarte te ayudará a identificar el hechizo correcto para cada situación.

Enfócate en... ti misma

Para conocer tu verdadero yo, tienes que ser honesta contigo misma. Enfréntate a tus debilidades y valora tus fortalezas. ¡No olvides que a veces una fortaleza puede ser una debilidad y una debilidad puede ser una fortaleza!

...aquellos que te rodean

Oye lo que otros dicen y también lo que no dicen. Presta atención a sus esperanzas, deseos, miedos y pasiones. ¿Sus ojos son alegres o tristes? ¿Son sinceros o falsos? ¿Son amables o hirientes? Cuanto más intentes comprender los sentimientos de los demás, más efectivos serán tus hechizos.

...el momento

No pienses en lo que sucedió ayer o en lo que sucederá mañana. Para centrarte en el presente, concéntrate en todo lo que sabes sobre este momento particular:

1. ¿Dónde estás?
2. ¿Sientes calor o frío?
3. ¿Qué sonidos puedes oír?
4. ¿Qué formas y colores puedes ver?
5. ¿Qué puedes oler?

Diferentes tipos de magia

TIPOS DE MAGIA

Hay varios tipos de magia, y cada uno funciona mejor sobre ciertos tipos de encantamientos. En este libro, veremos los siguientes:

MAGIA ELEMENTAL

Los cuatro elementos de aire, fuego, agua y tierra pueden darle energía extra a tus hechizos porque cada uno tiene su propio enfoque y fuerza.

| aire | fuego | agua | tierra |

MAGIA CON VELAS

Las velas pueden utilizarse para simbolizar tus intenciones. Enciende una mientras meditas para favorecer el éxito de tu hechizo.

MAGIA CON CRISTALES

Los cristales almacenan energía y tienen sus propias vibraciones. Por eso, se utilizan a menudo en hechizos de sanación.

MAGIA DE AMARRES

Una cuerda, un cordel o una cinta pueden representar la intención de tu hechizo. Hacer nudos en ellos ayuda a declarar tu objetivo, afianzar tu hechizo y mantenerlo en funcionamiento.

TALISMANES

Se trata de amuletos a los que se les concede poder mediante un hechizo, y sirven para atraer la buena suerte o protección.

MAGIA NATURAL

Las flores, las hojas, las hierbas y los aceites se utilizan a menudo en pequeños sacos o bolsas para confeccionar talismanes. Hay una gran variedad de clases disponibles para diferentes propósitos.

MAGIA ELEMENTAL

Para una hechicera, los cuatro elementos son la tierra, el aire, el fuego y el agua. Representan las energías que componen todo lo que existe en el mundo.

Tierra

Los hechizos para el amor, la suerte y el dinero utilizan la energía de la tierra.

Colores: verde y marrón
Orientación: norte
Herramientas: piedras, sal, cuenco de tierra

Aire

Los hechizos relacionados con la mente, por ejemplo, para mejorar la concentración, utilizan la energía del aire.

Colores: morado y amarillo
Orientación: este
Herramientas: incienso, varita, visualización

Fuego

Los hechizos para el éxito, la creatividad y la fuerza utilizan la energía del fuego.

Colores: rojo y dorado
Orientación: sur
Herramientas: velas, lámpara, hierbas para sahumar

Agua

Los hechizos de sanación y limpieza utilizan la energía del agua.

Colores: azul y blanco
Orientación: oeste
Herramientas: cuenco de agua, espejo, copa

MAGIA CON VELAS

La magia con velas invoca el elemento fuego para energizar sus hechizos. Puedes usar una vela para concentrar tu intención y liberar esa energía en el mundo mientras la llama se consume.

Hay muchas clases de velas que puedes comprar, y las que necesitas variarán de un hechizo a otro. Las velas para hechizos suelen ser muy pequeñas —del tamaño de las velas de un pastel de cumpleaños— y necesitan un soporte para mantenerlas en pie. Las velas de noche (o velas para hornillo) son útiles porque se pueden encontrar en todos los tonos del arcoíris y tienen un soporte de aluminio para contener la cera (este soporte se calienta mucho, así que asegúrate de apoyarlo sobre algún plato o elemento ignífugo).

¿Qué vela te conviene elegir?

- **Blanco:** pureza, búsqueda de la verdad y paz
- **Morado:** verdades ocultas y poderes psíquicos
- **Azul:** sabiduría y protección
- **Marrón:** amistad y apoyo
- **Naranja:** imparcialidad y justicia
- **Rosa:** romance y cuidado
- **Verde:** sanación y crecimiento
- **Rojo:** pasión y fuerza
- **Dorado:** éxito y felicidad
- **Amarillo:** imaginación e inteligencia
- **Plateado:** sueños e intuición

MAGIA CON CRISTALES

Los cristales y las piedras se han utilizado durante miles de años con fines mágicos y medicinales. Elige cuatro piedras que representen los elementos y guárdalas en una bolsa especial, o colócalas en tu espacio de hechizos. Sentirás una mayor conexión natural con ciertos cristales. Tu instinto te guiará a los cristales que son para ti. Puedes elegir, por ejemplo:

- Una piedra cristalina o amarilla para el aire.
- Una piedra roja, naranja o negra para el fuego.
- Una piedra blanca, azul o turquesa para el agua.
- Una piedra verde o marrón para la tierra.

Poderes de los cristales

- **Ágata:** arraigo (conexión a tierra), éxito y buena fortuna
- **Citrino:** sabiduría espiritual, valor y confianza en uno mismo
- **Cornalina:** paz, valentía y buenos viajes
- **Cuarzo blanco:** espiritualidad, amor y sanación
- **Cuarzo rosa:** amor, gratitud y paz mental
- **Hematita:** arraigo (conexión a tierra), desarrollo espiritual y alivio
- **Jade:** salud, sanación y perfección
- **Jaspe rojo:** arraigo (conexión a tierra), promueve la amistad y defiende el hogar
- **Malaquita:** sueño y deseos del corazón
- **Obsidiana nevada o copo de nieve:** protección, supera los obstáculos
- **Ojo de tigre:** protección y mirar más allá de las apariencias
- **Ónix:** meditación, protección y disipar pesadillas
- **Turquesa:** salud, amistad y felicidad
- **Venturina:** creatividad, salud y buena suerte

MAGIA DE AMARRES

Este tipo de magia consiste en atar o desatar nudos para afianzar o liberar un hechizo. Se puede hacer un nudo en cualquier cosa: cinta, hilo, cuerda, ¡incluso una bufanda o calcetín! Concentras tu intención en el nudo, pronunciando un encantamiento o visualizando un resultado al atarlo. Mientras esté atado, el nudo contiene el hechizo mágico. Cuando el nudo se desata o se corta, la magia se libera y regresa al universo.

Los hechizos de nudos se pueden utilizar para diferentes propósitos, por ejemplo:

- **Amistad.** El nudo los amarra juntos.
- **Clima.** El nudo amarra el clima tormentoso y lo mantiene alejado por un tiempo.
- **Discusiones.** El nudo amarra la ira y te concede la oportunidad de hacer amigos de nuevo.
- **Sanación.** El nudo amarra el dolor para permitir que el paciente descanse.
- **Suerte.** El nudo atrae la suerte y la amarra a ti.

El nudo mágico —o «nudo de las hechiceras»— es un símbolo de protección.
La línea que forma los cuatro bucles debe dibujarse sin despegar el bolígrafo del papel (de un solo trazo).

TALISMANES

Un talismán es un objeto que ha sido dotado de magia.
Puede proteger, curar o traer suerte, y suele ser algo pequeño
que puedes usar o llevar contigo. Cada vez que lo haces,
amplifica tu poder. Un talismán común es un colgante con
un círculo de metal o dije grabado con símbolos mágicos,
que se lleva alrededor del cuello. Sin embargo, puede ser
cualquier cosa que tenga un significado personal.

Los talismanes han sido
utilizados desde los tiempos
del antiguo Egipto.
Los símbolos más populares eran
la cruz ansada, el Ojo de Horus y
el escarabajo. Estos simbolizan la
vida eterna, protección
y transformación.

Ejemplos de talismanes:

- Una piedra que encontraste en un lugar especial
- Un objeto que te ha obsequiado un ser querido
- Un colgante, un anillo o una pulsera
- Una moneda de la suerte
- Un símbolo dibujado en papel
- Una estatuilla o miniatura
- Una fotografía significativa
- Una vela
- Una piedra rúnica
- Un libro muy querido

MAGIA NATURAL

Los encantamientos funcionan mejor cuando se utilizan ingredientes naturales porque son parte del mundo de la misma manera que nosotros. Por eso, nuestras energías están en sintonía.

Hierbas y flores

- En encantamientos para el hogar: manzanilla, lavanda, aloe, gardenia, pimienta negra, ortiga
- En encantamientos para la amistad: limón, rosa, pasionaria
- En encantamientos para la suerte: manzana, avellana, acebo, hiedra, menta, serbal
- En encantamientos para el amor: albahaca, jengibre, madreselva, jazmín, muérdago

Aceites esenciales

- En encantamientos para aportar energía: limón, albahaca, menta
- En encantamientos para brindar armonía: mirra, neroli, sándalo
- En encantamientos para inspirar amor: canela, ylang-ylang, salvia
- En encantamientos para conceder sabiduría: olíbano (incienso aromático), nuez moscada, romero

Sahúmos

Un sahúmo (o sahumerio) es un manojo de hierbas secas que se enciende para limpiar con su humo la energía y el aire de un espacio, un objeto o una persona. La hierba más utilizada es la salvia porque tiene poderes curativos y de limpieza.

Tu espacio para preparar hechizos

Necesitarás un espacio especial para realizar tus hechizos. Elige un lugar tranquilo y seguro donde no te molesten y puedas encender velas y dejarlas arder. Tu dormitorio probablemente sea el mejor lugar para ti.

Antes de comenzar con tu hechizo:

- Apaga tu teléfono.
- Ordena el espacio.
- Despeja tu mente de preocupaciones relacionadas con deberes o tareas.
- Apaga los dispositivos que contengan pantallas LED, como los radiodespertadores.
- Quítate tu reloj o pulsera de monitoreo de actividad física.

Recuerda que te estás apartando del mundo ordinario. Reserva un atuendo especial que solo usarás durante los encantamientos. Muchos hechiceros eligen vestirse de blanco, pero deberías vestirte según tu propia energía. Sobre todo, debes sentirte cómoda con tu atuendo. Si lo deseas, puedes decorarlo con símbolos que sean significativos para ti.

Prepara tu espacio antes de comenzar cada encantamiento, siguiendo los pasos que se indican a continuación:

1. Quita el polvo (puedes utilizar una aspiradora), centrándote en la limpieza y la pureza.
2. Una vez que esté limpio y ordenado, rocía unas gotas de agua sobre tu espacio.
3. Cubre el sector con un hermoso paño, y medita sobre los hechizos que realizarás en el futuro.

USA TUS SENTIDOS

Tómate un momento para reflexionar sobre el área que rodea tu espacio de hechizos. ¿Está desordenada, con ropa y libros por todas partes? Esto podría dar lugar a energías desordenadas que afecten tu hechizo. Piensa en tus sentidos mientras observas a tu alrededor.

Vista

Tu espacio de hechizos debe ser armonioso y pacífico. Las energías de tu entorno afectan tu estado de ánimo y, por lo tanto, a tu hechizo. Asegúrate de que tu espacio esté limpio y ordenado, y que te sientas a gusto en él.

Olfato

El sentido del olfato es muy poderoso y está íntimamente conectado con la memoria. Si hay algún aroma negativo en tu habitación, limpia el área sahumando incienso o aromatiza con aceites esenciales.

Gusto

No debe haber alimentos a medio comer alrededor de tu espacio de hechizos, y debes evitar comer cualquier cosa de sabor fuerte antes del encantamiento. El sabor en tu boca debe ser agradable. No debes sentir hambre ni sed.

Tacto

Las telas o tejidos ásperos, las texturas desagradables y las superficies polvorientas o pegajosas obstruirán la energía y harán que sea más difícil que tus hechizos funcionen.

Oído

Si vives con otras personas o cerca de una zona muy concurrida, puede haber ruidos que te molesten. Por eso es importante la meditación. Si te concentras en el presente, los demás sonidos pasarán a un segundo plano.

LAS REGLAS DEL ENCANTAMIENTO

Antes de probar tu primer hechizo, debes estar segura de que entiendes (y sientes) cada palabra de la promesa de las hechiceras. Busca un lugar tranquilo y seguro donde no te interrumpan. Mírate a los ojos en un espejo mientras pronuncias las palabras de la promesa.

Promesa de la hechicera

Pido a mis seres físicos y espirituales
que existan en armonía.
Pido la fuerza y la sabiduría
para mantenerlos en equilibrio.
No descuidaré las necesidades de mi cuerpo
por el bien de mi espíritu.
No descuidaré las necesidades de mi espíritu
por el bien de mi cuerpo.
Me esforzaré por ayudar a que mi ser espiritual crezca.

Pido sabiduría para escuchar las necesidades de
los demás.
Pido que mi entendimiento crezca durante toda mi vida.

No pronunciaré ningún encantamiento
para dañar a otro.
No pronunciaré ningún encantamiento para hacer que
otra persona se comporte, sienta o piense de forma
contraria a su voluntad.
No pronunciaré ningún encantamiento para o sobre
otra persona, a menos que esta lo sepa y lo haya
pedido o permitido.
Nunca pronunciaré un encantamiento
cuando esté enfadada o sea implacable.

Desarrollaré un estado de ánimo tranquilo
para realizar hechizos.
Entrenaré mi mente para pensar en todas las personas
a la luz del amor y el perdón.

Esta es mi promesa.

PREPÁRATE A TI MISMA

Cuando lanzas un hechizo, debes estar en un estado
tan puro como sea posible.

Esto significa limpiar tanto tu energía como tu cuerpo.
Este baño purificador limpiará tu ser espiritual y tu ser físico.

Necesitarás los siguientes elementos:

- Vela blanca
- Segunda vela de un tono más brillante
- Aceites esenciales: mezcla dos gotas de romero, tres gotas de lavanda y una gota de limón
- Hornillo
- Vaso de agua mineral

Haz lo siguiente:

1. Coloca en el hornillo la mezcla de aceites esenciales y enciéndelo.

2. Prepara tu baño, concentrándote en el agua, mientras piensas en la intención del hechizo.

3. Enciende las velas y colócalas en lugares seguros alrededor de la bañera.

4. Entra en la tina y relájate.

5. A mitad del baño, bebe el vaso de agua mineral. Imagina que limpia tu cuerpo mientras lo bebes.

6. Mantén tu mente enfocada en tu intención, mientras apagas las velas y sales de la bañera.

7. Seca tu cuerpo y tu cabello con una toalla blanca y limpia, y luego prepárate para realizar el encantamiento.

> Otra forma de limpieza es tomar una ducha, donde el agua fluye todo el tiempo. Mientras te duchas, imagina que el agua se lleva todas las impurezas.

Dedícale tiempo a la meditación

Una meditación relajante te pondrá en un buen estado de ánimo con el que realizar un hechizo. También te ayudará con los desafíos que puedas estar enfrentando en la vida. Si nunca has meditado antes, esta es una buena forma de comenzar.

MEDITACIÓN SIMPLE

1. Sal al exterior y encuentra un lugar tranquilo y seguro donde puedas sentarte.

2. Cierra los ojos y concéntrate en el sentido del tacto. ¿Cómo se siente la brisa sobre tu rostro? ¿Tu piel se calienta con el sol o se moja con la lluvia?

3. Ahora, oye los sonidos que te rodean. Enfócate en uno a la vez, concentrándote en los que son naturales, como el canto de los pájaros, en lugar de los automóviles.

4. A continuación, utiliza el sentido del olfato. De nuevo, intenta concentrarte en los aromas naturales, como el de las flores o la tierra húmeda.

5. Por último, sé consciente de los tres sentidos a la vez. Coloca tus sentidos en el centro de tu mente, y deja que todo lo demás fluya.

CONÉCTATE CON LA TIERRA

Puede ser peligroso realizar un hechizo sin que te hayas arraigado a la tierra primero. Conectarte con la tierra es una forma de mantenerte en contacto con la realidad, y te protege de energías peligrosas. Puedes aprender muchas maneras de enraizarte, pero aquí tienes una rutina sencilla para comenzar.

1. Siéntate tranquila con ambos pies en el suelo, paralelos y separados por unos 20 cm de distancia.

2. Imagina que brotan raíces de tus pies y se extienden hacia abajo, hacia lo profundo de la tierra.

3. Visualiza tu conexión con la tierra, y luego pronuncia estas palabras:

> Valoro y respeto los poderes invisibles
> del universo.
> Cada día, trato de entenderlos
> más claramente.
> Pido fuerza y apoyo.
> Pido la sabiduría para comprender
> y la fuerza para perdonar.
>
> Solo les pediré a las energías del universo
> que trabajen para el bien.
> No deseo dañar a ningún ser vivo.
>
> Esos poderes pertenecen al universo,
> y yo soy parte del universo.
> Soy parte de la fuerza y el poder,
> pero la fuerza y el poder
> no me pertenecen.
> Yo pertenezco al universo.
> Soy parte del universo.

COMENZAR Y FINALIZAR
UN ENCANTAMIENTO

Incluso si en tu hechizo no utilizas una vela, puedes aumentar el poder de un encantamiento cargando una vela con energía mágica antes de empezar. Siéntate en un lugar tranquilo y, con ambas manos, sostén una vela sin encender. Imagina que la energía del universo inunda tu cuerpo, se mezcla con la tuya y fluye a través de tus manos hacia la vela. Pronuncia estas palabras: «Cargo esta vela con energía y poder. Que arda con una llama fuerte y trabaje para el bien». Luego, enciende la vela y déjala arder mientras realizas tu encantamiento.

Lectura de velas

- La llama arde uniformemente: el hechizo tendrá éxito.
- La llama es débil: alguien está intentando bloquear tu hechizo.
- La llama arde bien y luego desprende humo: el hechizo funcionará bien al principio, pero podrían surgir otros problemas.
- La llama desprende humo y luego arde bien: la situación parecerá difícil al principio, pero mejorará.
- La llama se apaga antes de que el hechizo se complete: no estás usando el hechizo correcto.

Es tan importante finalizar los hechizos correctamente como lo es comenzarlos de la misma forma. Has estado actuando como un canal para energías invisibles. Esas energías tienen que regresar a su hogar natural. Siempre tómate un momento para visualizarlas pasando a través de ti y volviendo a su lugar de origen al final del hechizo.

Encantamientos para ti

Dulces sueños

Para lograr un buen descanso nocturno, es necesario que estés relajada. Si tus pensamientos se arremolinan en tu mente, tendrás una noche inquieta. Este es un hechizo para realizar en tu dormitorio cuando estés lista para acostarte. Antes de empezar, siéntate tranquilamente en el suelo con los ojos cerrados. Con la puerta de tu dormitorio cerrada, visualiza un espejo en el exterior. Ahora imagina que el espejo refleja toda la energía negativa lejos de ti mientras duermes. Realiza varias respiraciones lentas y profundas, y luego abre los ojos.

Materiales:
- Ramito de acebo
- Malaquita
- Bolígrafo y papel

UN HECHIZO PARA QUE DUERMAS BIEN POR LA NOCHE

1. Coloca el ramito de acebo en la parte inferior de tu ventana, luego siéntate en tu cama, sujetando la piedra de malaquita.

2. Escribe en el papel todas las cosas que te preocupan en este momento.

3. Dibuja imaginariamente la figura de un ocho sobre tu cama (tres veces) con la malaquita. Este es el símbolo de la eternidad.

4. Envuelve la malaquita con el papel y colócala debajo de tu almohada, mientras pronuncias el siguiente encantamiento:

ENCANTAMIENTO

**Aleja toda preocupación o tristeza,
libra el sueño de temores.
El acebo y el cristal
un buen descanso conceden,
contar ovejas ya no debes.**

5. Duerme. Por la mañana, pon el papel debajo del agua corriente, rómpelo en pedazos pequeños y utilízalo para reciclaje. Coloca la malaquita debajo de tu ventana junto al ramito de acebo.

Salud y felicidad

Este es un encantamiento para realizar en días de luna nueva. Antes de empezar, tómate un momento y siéntate para meditar tranquilamente y concentrar tu energía. Comienza visualizando agua clara y fluida, luego imagina verduras saludables que crecen en la tierra y frutos en los árboles. Ahora visualiza tu cuerpo corriendo, saltando, dando volteretas y estirándose. Recuérdate a ti misma que es el único cuerpo que tienes, y que debes tratarlo con respeto.

Materiales:
- 3 hojas secas de laurel
- Bolígrafo y papel

54

UN HECHIZO PARA FAVORECER LA BUENA SALUD

1. Escribe tu deseo de buena salud en el papel.

2. Pliega el papel en tres partes iguales y coloca las hojas de laurel en su interior.

3. Visualiza las cosas que tendrás que hacer para lograr que tu deseo se haga realidad.

4. Pliega el papel en tercios de nuevo, pero hacia el otro lado. Luego, pronuncia las palabras del encantamiento que aparece a continuación.

ENCANTAMIENTO

Concédeme agua clara y dulce.
Concédeme saludables alimentos.
Concédeme desde lo alto la sabiduría.
El amor y el respeto
por mi cuerpo me guían.

5. Esconde el papel plegado en un lugar seguro y oscuro.

Baile mágico

Este encantamiento solo puede ser realizado por la hechicera, sobre ¡la hechicera! Es un encantamiento divertido y energético, lleno de sonido y muy motivador. Realiza este hechizo de día, pero elige un momento y un lugar donde nadie te interrumpa. Es posible que te sientas un poco avergonzada al principio, pero ¿por qué preocuparse? ¡Nadie está mirando! Deja que tus miedos salgan a la luz e imagina que la música se los lleva con su ritmo.

Materiales:

- Campana, cascabel o pandereta
- Música alegre y divertida

UN HECHIZO PARA DARTE CONFIANZA

1. Elige una de las afirmaciones que aparecen a continuación.

> ## AFIRMACIONES
> - **Confío en poder hacer lo que desee.**
> - **Estoy segura de mí misma.**
> - **Puedo resolver cualquier problema.**
> - **Tengo fe en mí misma.**

2. Pon la música. Espera hasta que sientas el ritmo en tu cuerpo, como un latido del corazón.

3. Baila por toda la habitación, mientras tocas tu instrumento. ¡Haz todo el ruido que puedas!

4. Mientras bailas, pronuncia en voz alta y con alegría tu afirmación.

5. Repite la frase nueve veces, mientras continúas bailando.

6. Realiza el hechizo una vez a la semana, ¡y observa cómo tu confianza se dispara!

Una bolsa de valentía

¿Deseas ser más asertiva y expresarte con firmeza frente a los demás? ¡Llevar una bolsa de amuletos en tu bolsillo como talismán te concederá un gran poder!

Materiales:

- Cuadrado de tela amarilla
- Cinta amarilla
- Dos pizcas de nuez moscada molida
- Dos gotas de aceite de esencia de pino
- Una pizca de lavanda seca

Aprender a ser una hechicera te ayudará a sentirte más confiada y firme. Para ser una experta en hechizos, es vital que te conozcas a ti misma de verdad. Cuanto más conozcas tu propia mente, más fácil será decir lo que piensas a los demás.

UN HECHIZO PARA SER MÁS ASERTIVA

1. Extiende la tela y coloca la nuez moscada y la lavanda en el centro. Añade dos gotas de aceite esencial de pino.

2. Lleva las esquinas de tela hacia el centro para hacer una pequeña bolsa y átala con la cinta. Haz un doble nudo y luego un lazo doble. Pronuncia el encantamiento mientras lo haces.

ENCANTAMIENTO

Nudos dobles, ten fortaleza y firmeza.
Lazos dobles, ten valor y audacia.
Lleva con entusiasmo este amuleto
hasta que superes este reto.

3. Guarda la bolsa en tu bolsillo. Concéntrate en ella para sentir una ola de poder y energía.

4. Cada día, durante siete días, enfrenta una nueva situación en la que tengas que ser asertiva, sacando fuerzas de la bolsa encantada.

5. Después de siete días, evalúa si sigues necesitando la bolsa. Si no es así, dispersa su contenido en el exterior hacia los cuatro puntos cardinales.

Pensar con claridad

Este encantamiento te ayudará a sentirte muy bien, íntegra y en calma. Antes de empezar, piensa en un momento en el que hayas perdido el control. Identifica las palabras o las acciones que te hicieron enfadar. A continuación, piensa en un momento en el que sentiste paz, y visualiza lo bien que se siente. Este estado de ánimo es tu objetivo.

Materiales:

- Taza
- Té de menta
- Miel
- Piedra oscura o guijarro
- Tazón de plástico con agua

ENCANTAMIENTO

I. A través de ti pasan la ira
y el mal temperamento.
Tengo poder sobre ellos.

II. Menta para refrescar
y mi mente aclarar.
Dulce miel para unir y alegrar.

III. Con esta piedra, mi ira se aleja.
Las aguas fluyen
y la dejan pasar.

UN HECHIZO PARA CONTROLAR TU TEMPERAMENTO

1. Prepara una taza de té de menta y comienza a respirar su dulce aroma.

2. Visualiza un círculo de luz alrededor de ti. Sostén la piedra oscura sobre tu estómago.

3. Pronuncia la primera parte del encantamiento, concentrándote en enviar tu energía negativa a la piedra.

4. Con la piedra todavía en la mano, añade dos cucharadas de miel al té de menta y pronuncia la parte II.

5. A continuación, bebe el té y visualiza cómo se expulsa lo último de tu ira hacia la piedra.

6. Coloca suavemente la piedra en el tazón, haciendo girar el agua mientras pronuncias la parte III.

7. Para completar el hechizo, entierra la piedra en el exterior, vertiendo el agua del tazón sobre ella.

Encantamientos para tu hogar

SANA Y SALVA

Usa este encantamiento para brindar una protección extra a tu hogar y aumentar tu propia sensación de seguridad cuando estés en casa. Antes de empezar, conéctate a la tierra (enraizarse) y realiza una meditación para alcanzar un estado de ánimo tranquilo. Visualiza las cosas que hacen que tu hogar sea un lugar agradable y seguro. Debes realizar este encantamiento en tu casa, preferentemente por la mañana.

Materiales:

- Llave vieja (busca en cajones, tiendas de trastos o de antigüedades)
- Cinta roja

ENCANTAMIENTO

Protege el amor
y la felicidad.
Bloquea el peligro,
el odio y la discordia.
Encierra la seguridad,
encierra la bondad.
Convierte en polvo
toda adversidad.

UN HECHIZO PARA PROTEGER TU HOGAR

1. Toma la llave con tu mano derecha y sujeta la cinta roja con tu mano izquierda.

2. Llama a la puerta de la habitación en la que te encuentras tres veces, pronunciando el encantamiento en voz alta.

3. Pasa a la siguiente puerta. Repite los pasos 1 y 2 hasta que hayas visitado todas las puertas de tu hogar.

4. Enhebra la cinta por el ojo de la llave y átala con un doble lazo.

5. Guarda la llave en un cajón de tu cocina (el corazón de la casa).

Mantén la paz

Antes de recobrar la sensación de paz en un lugar, hay que entender la causa del problema. Si ha habido una discusión, habla con las personas implicadas. Si una visita está causando problemas, concéntrate en las razones por las que puede estar actuando de esa manera. En caso de accidentes o roturas, piensa en la gravedad de los daños y en cómo se solucionará. Mantente positiva. Este es un hechizo que puedes hacer en cualquier momento, cuando todo el mundo está en casa.

Materiales:

- Suficiente sal para que quepa en la palma de tu mano
- Chimenea (o una vela blanca si no tienes chimenea)

ENCANTAMIENTO

I. Poderes invisibles, concédanme sabiduría. Ha llegado el momento de construir y reparar.
II. Concentraré cada pensamiento y el poder, en este preciso instante, para curar y aliviar.

UN HECHIZO PARA RESTAURAR LA PAZ EN TU CASA

1. Contempla las llamas del fuego (o la llama de la vela) y piensa en lo que ha estropeado la paz. Concéntrate en los acontecimientos: ¿qué ha llevado a esta situación?

2. Piensa en las emociones que están creando un mal ambiente en la casa (¿ira?, ¿incomodidad?).

3. Pronuncia la primera parte del encantamiento.

4. Piensa en la solución del problema. ¿Qué se necesita para restablecer la paz?

5. Arroja la sal al fuego y pronuncia la segunda parte del encantamiento. Si no tienes chimenea, espolvorea con cuidado la sal alrededor de la vela y luego apágala.

Refrescante comienzo

Cuanto más sensible seas, más te afectarán las energías de una casa. Por esta razón, es importante limpiar una casa nueva de cualquier energía antigua o evento que pueda dejar una mala impresión. Tu nuevo hogar estará entonces limpio y preparado para un refrescante comienzo. Debes realizar este hechizo cuando pases la primera noche en tu nueva casa.

Materiales:

- Frasco limpio con tapa
- Varilla de incienso de salvia blanca
- Sal

ENCANTAMIENTO

Poderes invisibles,
limpien y despejen todo
lo que habitó aquí.
Que este hogar se sienta nuevo,
por dentro y por fuera,
y hasta el fin.

UN HECHIZO PARA BENDECIR UN NUEVO HOGAR

1. Coloca unas pizcas de sal dentro del frasco y enciende la varilla de incienso.

2. Recorre cada una de las habitaciones de la casa, sosteniendo el frasco en una mano y el incienso en la otra.

3. En cada habitación:
   - Imagina que la sal absorbe todas las energías negativas.
   - Esparce el humo del incienso por el espacio, especialmente en puertas y ventanas.
   - Pronuncia el encantamiento en voz alta.

Encantamientos para estudiantes

Una historia de éxito

Este es un encantamiento útil si tienes que realizar cualquier tipo de examen o enfrentarte a un reto difícil. Probablemente lo necesitarás más a menudo como estudiante, pero puedes aplicarlo en cualquier situación. La mayoría de los hechizos requieren de una cierta cantidad de visualización, pero es especialmente importante en este. Tu visualización del éxito es el canal a través del cual las fuerzas invisibles del universo se conectarán contigo para ayudarte. Lanza este hechizo durante los días de luna creciente, al aire libre en un día soleado.

Materiales:

- Trozo tela dorada
- Hilo verde
- Pétalos de caléndula
- Una cucharadita de canela
- Una cucharadita de jengibre
- Una cucharadita de ralladura de cáscara de limón
- Tres gotas de aceite de esencia de bergamota
- Una moneda de plata

ENCANTAMIENTO

Grandioso sol,
fuente de fuerza y poder.
Infunde este encantamiento
en este mismo momento.
Un éxito tan brillante
como tu luz me guía.
¡El triunfo corona
mis noches y mis días!

UN HECHIZO PARA ALCANZAR EL ÉXITO

1. Visualiza el éxito que deseas obtener. Por ejemplo, si quieres ganar un evento deportivo, visualízate sosteniendo el trofeo.

2. Toma la tela dorada. Lleva las esquinas de tela hacia el centro para hacer una pequeña bolsa.

3. Mezcla los pétalos de caléndula, la canela, el jengibre, la ralladura de limón y el aceite de bergamota en un cuenco. A continuación, llena la bolsa dorada y ata la parte superior con el hilo verde.

4. Sostén la bolsa de cara al sol y pronuncia el encantamiento.

5. Coloca la bolsa al sol para cargarla.

6. Llévala siempre contigo. Cada vez que puedas, sostén la bolsa de cara al sol y visualiza tu éxito.

73

Estimulante Cerebral

Todo el mundo pasa por momentos en los que un tema o proyecto parece demasiado difícil (¡y no sabes por dónde empezar!). Es posible que tengas ganas de rendirte, ¡pero no lo hagas! Este encantamiento no te convertirá en un genio de la noche a la mañana, pero hará que sea más fácil para ti aprender y entender las cosas más rápidamente. Debes realizar este hechizo durante una noche de luna creciente.

Materiales:

- Vela dorada
- Vela naranja
- Vela amarilla
- Incienso de canela
- Menta
- Romero
- Tres gotas de extracto de vainilla
- Aceite esencial (el que prefieras)
- Cuenco pequeño

ENCANTAMIENTO

I. Pido a los poderes invisibles y las fuerzas del universo que canalicen su poder en mí.
II. Que me ayuden a aprender y asimilar información, mientras me conecto con su poder invisible.
III. Que en todo lo que haga pueda alcanzar mi máximo potencial.

UN HECHIZO PARA MEJORAR TU CAPACIDAD INTELECTUAL

1. Coloca las velas en fila, con la vela dorada en el centro, y enciende el incienso.

2. Mezcla la menta, el romero, el extracto de vainilla y el aceite en un pequeño cuenco.

3. Con el dedo, frota un poco de la mezcla en el centro de las velas.

4. Enciende una cerilla sobre la vela amarilla, concentrándote en los poderes invisibles que estás invocando. Pronuncia la primera parte del encantamiento y enciende la vela amarilla.

5. Enciende una segunda cerilla sobre la vela naranja, concentrándote en tu capacidad de canalizar y asimilar. Pronuncia la segunda parte del encantamiento y enciende la vela naranja.

6. Enciende una tercera cerilla sobre la vela dorada, concentrándote en tu objetivo de aumentar tu poder mental e inteligencia. Pronuncia la última parte del encantamiento y enciende la vela dorada.

7. Deja que las velas ardan y se consuman.

Memoria mágica

¿Alguna vez te sucede que tu mente divaga en clase?
¿Te resulta difícil recordar todo lo que te han enseñado?
Este hechizo te ayudará a liberar tu mente de distracciones
y a concentrarte en tus estudios. Es especialmente útil
antes de las pruebas y los exámenes.

Materiales:

- Una abundante pizca de romero seco
- Una abundante pizca de albahaca seca
- Una pequeña pizca de semillas de alcaravea (comino)
- Una abundante pizca de cáscara de limón picada
- Cuadrado de tela morada
- Hilo plateado

ENCANTAMIENTO

Invoco las energías y el poder de las palabras
para que en su sabiduría me pueda concentrar.
Permíteme usar el lenguaje
con atención y habilidad.
Elimina la confusión y hazme recordar.

UN HECHIZO PARA MEJORAR TU MEMORIA Y TU CONCENTRACIÓN

1. Mezcla las hierbas y la cáscara de limón en un cuenco mientras pronuncias el encantamiento.

2. Extiende la tela y coloca en el centro la mezcla.

3. Lleva las esquinas de la tela hacia el centro para hacer una pequeña bolsa, y átala con el hilo plateado.

4. Lleva la bolsa contigo en todo momento, y colócala a la vista siempre que estés estudiando o trabajando.

5. Cuando necesites concentrarte, piensa en la bolsa.

6. Renueva el contenido de tu bolsa encantada cada dos semanas.

Regulador de actitud

No es sencillo tener siempre una actitud mental positiva, especialmente si estudiar te resulta difícil o tienes problemas con alguien. Sin embargo, ¡en estos momentos es más importante mantener una actitud mental positiva! Este hechizo solo puede funcionar si estás abierta a las posibilidades favorables, y eso significa esperar lo mejor, planificar para el éxito y creer en ti misma.

ENCANTAMIENTO

Me mantendré por encima de la línea.
Los errores que cometo, los reclamo como míos.
Tomo el control de mi propia vida
y afronto sin miedo la alegría
y los desafíos.

Materiales:
- Bolígrafo y papel
- Vela amarilla
- Ágata

UN HECHIZO PARA MEJORAR
TU ACTITUD

1. Dibuja una línea horizontal que divida la hoja de papel en partes iguales. Sobre la línea escribe las siguientes palabras: Amor, Respeto, Respuesta, Intuición, Búsqueda, Autenticidad (con las iniciales de estas palabras, se forma la siguiente: A-R-R-I-B-A). Debajo de la línea, escribe las siguientes palabras: Angustia, Bloqueo, Animosidad, Juicio, Odio (A-B-A-J-O).

2. Coloca el ágata junto a la vela amarilla y enciéndela.

3. Pronuncia el encantamiento. Toma el ágata y traza con ella un ocho imaginario sobre el papel.

4. Apoya el ágata sobre tu frente y visualiza cómo todos tus pensamientos negativos fluyen a través del cristal y desaparecen.

5. Apaga la vela y pega el papel sobre un espejo (donde puedas verlo todos los días).

Recuerda, mientras te adhieras a las cualidades escritas sobre la línea (A-R-R-I-B-A), las fuerzas invisibles del universo te ayudarán a mantenerte positiva. Si no aceptas la responsabilidad, te sentirás aplastada por emociones negativas. (¡Un total A-B-A-J-O!).

Calma encantadora

Tu estado de ánimo puede verse afectado por todo tipo de cosas imprevisibles, como el clima, el humor de los demás y tu salud. Sin embargo, hay momentos en los que sabes que necesitas estar en calma y concentrada. Este hechizo te ayudará a mantener tus energías en equilibrio, y si tus energías están alineadas, te sentirás mejor. Realiza este encantamiento al aire libre, a la luz del día.

Materiales:

- Tazón de agua
- Una flor blanca sin su tallo
- Vela verde
- Vela amarilla
- Varilla de incienso de jazmín

ENCANTAMIENTO

La tierra y la luz se unen a mí,
frescas y apacibles
como el mar de verano.
Me concentro
en lo más profundo de mi ser.
Que un nuevo día comience
como un regalo.

UN HECHIZO PARA MANTENERTE EN CALMA

1. Haz flotar la flor blanca dentro del tazón de agua, apreciando su belleza.

2. Enciende las velas y la varilla de incienso de jazmín. Piensa en la frescura y la fuerza de la naturaleza.

3. Ponte de pie con los pies separados unos 20 centímetros y conéctate con la tierra sobre la que te encuentras. Imagina que la energía de la tierra se eleva hacia ti a través de tus pies.

4. Extiende tus brazos hacia arriba e imagina que la energía de la luz ingresa a través de las yemas de tus dedos y recorre todo tu cuerpo.

5. Visualiza que las energías se mezclan en tu interior, te sanan y te equilibran.

6. Pronuncia el encantamiento y deja que las velas ardan y se consuman.

7. Termina el hechizo sentándote en silencio e imaginando la energía de la calma en el centro de tu cuerpo.

¡LIBRO DE CHISMES!

Que alguien bromee o cotillee sobre sobre ti, ¡puede ser muy molesto! Pero el código de hechicería no te permite lanzar un hechizo en estado de ira. Piensa en la razón por la que esta persona está difundiendo chismes. ¿Se siente abrumada o infeliz por algo y trata de distraerse? ¿La has molestado por accidente y quiere vengarse? Cuando entiendas la razón de sus acciones, será más fácil perdonar. Solo puedes realizar este hechizo cuando estés tranquila y hayas perdonado verdaderamente a la persona implicada.

Materiales:

- Pedazo de papel que la persona chismosa ha tocado
- Caja con tapa
- Velas de noche blancas

ENCANTAMIENTO

Poderes invisibles,
óiganme decir:
los chismes y la ira se irán.
Abran un camino de paz
para que el amor triunfe
y la malicia no regrese jamás.

UN HECHIZO PARA ACABAR CON LOS CHISMES

1. Coloca el papel dentro de la caja y ciérrala bien.

2. Sujeta la caja con ambas manos y pronuncia las palabras del encantamiento.

3. Coloca la caja en tu espacio de hechizos y rodéala con las velas de noche blancas. Enciéndelas y medita mientras se consumen. Piensa en la persona implicada y en el motivo por el que ha estado cotilleando. Sé sincera.

4. Cuando los chismes hayan cesado, retira el papel de la caja y ponlo debajo del agua corriente.

5. Por último, rompe el papel en pequeños pedazos y luego utilízalo para reciclaje.

Encantamientos para amigos

Encontrar nuevos amigos

Atraer nuevos amigos es como encender una luz dentro de tu casa y hacerles saber que son bienvenidos. Después de haber realizado este hechizo, conocerás a personas que son potenciales amigos. Sin embargo, necesitas ser capaz de reconocerlos, y eso significa prestar atención a aquellos que te rodean. ¡Enciende tu luz! Este encantamiento es más poderoso si lo realizas durante días de luna creciente.

Materiales:
- Tres velas de color marrón o bronce
- Bolígrafo y papel
- Hilo dorado

ENCANTAMIENTO
Hay un espacio vacío
en mi corazón.
Convoco a un nuevo amigo
para que lo habite con amor.
Que brille sobre mí
como un sol radiante.
Doble alegría
y doble diversión.

UN HECHIZO PARA CONOCER NUEVOS AMIGOS

1. Enciende las velas.

2. Escribe en el papel tres cualidades que te gustaría que tuviera un amigo y pronuncia cada una de ellas en voz alta.

3. Pliega el papel por la mitad y sostenlo en alto por encima de las velas (¡asegúrate de que no se queme!). Repite las tres palabras, dirigiéndolas a las llamas de las velas. La llama debe parpadear, pero no apagarse.

4. Pronuncia el encantamiento.

5. Apaga las velas, luego envuelve el papel alrededor de ellas, atando el manojo con el hilo dorado.

6. Guarda las velas en un lugar seguro y oscuro.

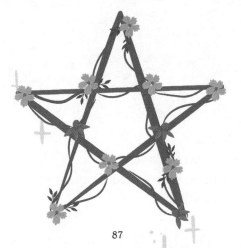

Encantamiento positivo

Este hechizo envía energía positiva y ánimo a otra persona. Es un regalo que tú obsequias, y tu recompensa será ver a tu amigo sintiéndose mejor. Lanza este encantamiento en un espacio que sea especial para ti y tu amigo (podría ser tu espacio de hechizos o tu dormitorio). Hazlo al atardecer, con luna creciente.

Materiales:
- Cristal de jade
- Aceite de esencia de olíbano
- Hornillo

UN HECHIZO PARA ENVIAR ENERGÍA POSITIVA

1. Vierte un poco de aceite esencial de olíbano en el hornillo y enciéndelo.

2. Pasa con cuidado el cristal de jade a través del humo que desprende el hornillo (hazlo tres veces).

3. Mira en dirección a tu amigo y pronuncia el encantamiento.

ENCANTAMIENTO
Fuerzas de la valentía,
envíen a [nombre de tu amigo]
ayuda y fortaleza en este mismo día.
Concedan la confianza
propia de la juventud.
El éxito lo corona
y la verdad es su luz.

4. Piensa en una coraza de energía que rodea el cristal. Luego, colócalo sobre una mesa o al lado de tu cama, e imagina que la energía se dirige hacia tu amigo.

5. Visualiza que la energía alcanza a tu amigo y lo rodea con un halo de confianza.

6. A la mañana siguiente, lava el cristal con agua corriente y obséquiaselo a tu amigo.

PODER COLECTIVO

Este hechizo no está dirigido a una persona en particular, por lo que no tienes que preocuparte por obtener su permiso. Es una forma de fortalecer viejas amistades y fomentar otras nuevas. Después de haber realizado este encantamiento, planea pasar algún tiempo con cada uno de tus amigos, haciendo algo que ambos disfruten. El mejor momento para lanzar este hechizo es durante la luna nueva, con una ventana abierta a través de la cual puedas verla.

Materiales:

- Bolígrafo y papel
- Dos cucharaditas de aceite de almendras mezclado con una gota de aceite esencial de pachuli
- Vela blanca

ENCANTAMIENTO

Amigos que se encuentran
y se saludan.
Grandes compañeros,
cuya amabilidad abunda.
Fortalecen por siempre
sus lazos con amor,
los verdaderos amigos
habitan tu corazón.

UN HECHIZO PARA DAR PODER A LA AMISTAD

1. Frota unas gotas de la mezcla de aceites sobre la superficie de la vela y sobre el interior de tus muñecas.

2. Enciende la vela blanca con cuidado.

3. Dibuja tu rostro sobre una hoja de papel (¡pueden ser unas simples líneas!) y escribe tres cualidades que te hacen ser una buena amiga.

4. En otra hoja de papel, dibuja otros rostros y tres cualidades que te gustaría que tuvieran tus amigos.

5. Pronuncia el encantamiento mientras colocas una gota de aceite en una esquina de cada papel.

6. Deja que la vela arda y se consuma.

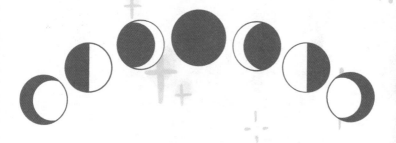

Amigos reunidos

La magia nunca debe usarse para forzar a otra persona a actuar contra su voluntad. Por lo tanto, no puedes realizar un hechizo para hacer que tu amigo se disculpe. Sin embargo, puedes lanzar un hechizo para allanar el camino en pos de hacer las paces. Este encantamiento ayudará a despejar el camino, para que puedan caminar hacia el otro y encontrarse en el medio. Haz este hechizo durante la luna creciente. Es mejor realizarlo al aire libre, a la luz del día.

Materiales:
- Manzana, cortada en dos mitades
- Papel blanco, no más grande que la manzana
- Bolígrafo
- Dos palillos

UN HECHIZO PARA RECONCILIARSE CON UN AMIGO

1. Escribe tu nombre completo y el de tu amigo en el papel.

2. Coloca el papel entre las dos mitades de la manzana.

3. Visualiza tu amistad sana y feliz. Piensa en lo que ha ido mal y cómo se puede arreglar. Acepta que tú eres responsable de la discusión al igual que tu amigo.

4. Inserta un palillo de derecha a izquierda para unir las mitades de la manzana, mientras te imaginas a ti misma caminando hacia tu amigo con tus manos extendidas hacia él.

5. Inserta el segundo palillo de izquierda a derecha, mientras imaginas a tu amigo caminando con sus manos extendidas hacia ti.

6. Envíale tu amor a tu amigo y pide recibir su amor en retribución. A continuación, puedes desmontar la manzana y deshacerte de ella.

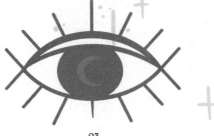

Paraguas mágico

Este hechizo puede ayudar a un amigo en aquellos momentos en los que se sienta vulnerable o sensible. No puedes protegerlo completamente del mundo que lo rodea, pero puedes disminuir el daño al mínimo, ¡como un paraguas! La realización de este encantamiento dura todo un día y una noche. Es mejor realizarlo en días de luna creciente.

Materiales:

- Dije de cuarzo rosa
- Cinta larga

ENCANTAMIENTO

Protección, de mi corazón al tuyo.
Océanos y mares, bajo la verdad los cruzo.
Envuelto en algodón, te amparo del daño.
De aquí y para siempre,
infundo este encanto.

UN HECHIZO PARA PROTEGER A UN AMIGO

1. Por la mañana, en cuanto te despiertes, enhebra el dije o pendiente de cuarzo rosa en la cinta (haz un colgante). Colócalo alrededor de tu cuello.

2. Tres veces durante el día y tres veces después de la puesta de sol, quítate el colgante y sujétalo con ambas manos mientras pronuncias el encantamiento. Luego, besa el colgante y vuelve a colocarlo debajo de tu ropa.

3. Usa el colgante toda la noche. Por la mañana, obséquiale el colgante a tu amigo y pídele que lo lleve debajo de su ropa, cerca de su corazón, siempre que sienta que necesita tu apoyo.

4. Explícale que es para su protección, para demostrarle que piensas en él y que te preocupas por su bienestar.

¡HASTA LA VISTA, TRISTEZA!

Este simple hechizo está destinado a aligerar el corazón de tu amigo durante un momento de dolor o preocupación. Asegúrate de que tu amigo sepa que estás ahí para ayudarlo. Si escuchas sus necesidades, siempre podrás apoyarlo. Debes realizar este hechizo antes del mediodía durante los días de luna nueva.

Materiales:

- Una tarjeta pequeña
- Bolígrafo
- Vela marrón
- Varilla de incienso de ylang-ylang
- Cristal de turquesa
- Sobre

ENCANTAMIENTO

Quita la tristeza, quita la pena.
Concédele a mi amigo que sea más feliz.
Poderes invisibles, oigan mi plegaria;
permitan que [nombre de tu amigo]
tenga un nuevo mañana.

UN HECHIZO PARA ANIMAR
A UN AMIGO

1. Enciende la vela y la varilla de incienso, pensando en tu amigo y en su estado de ánimo.

2. Dobla la tarjeta por la mitad y, en el anverso (frente), dibuja con tu bolígrafo la figura de un ocho. Esto representa la amistad infinita.

3. Pasa el cristal de turquesa a través del humo del incienso tres veces, pronunciando el encantamiento.

4. Coloca el cristal en el centro de la figura del ocho. Visualiza que la preocupación y la tristeza se alejan de tu amigo y entran en el cristal.

5. Apaga la vela, retira el cristal de la figura del ocho y lávalo bajo el agua corriente.

6. Escribe estas palabras dentro de la tarjeta: Eterno, Radiante, Inseparable, Motivador, Necesario, Protector, Apoyo. Firma la tarjeta con amor, colócala en el sobre y entrégasela a tu amigo.

Sanación con cristales

Los hechizos de sanación son una parte importante de la magia. Pueden curar las heridas emocionales de tu ser espiritual, así como acelerar la recuperación física. Si estás realizando este encantamiento para sanar a otra persona, recuerda pedir primero su consentimiento. Estarás enviando energía poderosa, y es importante tratarla con respeto. Este hechizo debe ser realizado bajo una luna nueva.

Materiales:

- Vela azul para la sanación
- Vela blanca para el poder
- Vela rosa para el amor
- Varilla de incienso de romero
- Cristal de cuarzo blanco
- El nombre de la persona a sanar, escrito en un papel

ENCANTAMIENTO

Amigo, sana con este don de poder,
que crece con fuerza a cada momento.
Que la energía fluya
hasta el último rincón,
que la salud y la felicidad
llenen tu corazón.

UN HECHIZO PARA SANAR
A UN AMIGO

1. Coloca las velas en fila, con la vela blanca en el centro. Enciende con cuidado la varilla de incienso y las velas.

2. Ubica el papel con el nombre junto a la vela blanca, y coloca el cristal de cuarzo blanco encima del papel.

3. Visualiza tu propia energía combinada con las energías invisibles del universo. Disfruta del aroma del incienso. Respira profundamente unas cuantas veces e imagina que tu energía aumenta con cada respiración.

4. Cuando te sientas preparada, libera tu energía sanadora. Dirígela a través del cristal hacia la persona que deseas curar.

5. Pronuncia el encantamiento y apaga las velas.

Encantamientos para la suerte

GUARDIÁN DE PLATA

En algunas ocasiones, puedes desear proteger un objeto. Tal vez estés por realizar un viaje y quieres asegurarte de que tu maleta no se perderá. O quizás quieras prestarle una de tus posesiones más preciadas a alguien. Cualquiera sea la razón, este hechizo te ayudará a mantener un objeto a salvo de daños o robos. Este encantamiento funcionará mejor si lo realizas un lunes, durante la luna creciente.

Materiales:

- Hoja de albahaca fresca
- Cinta plateada
- El objeto que deseas proteger

ENCANTAMIENTO
Protegido se encuentra este [nombre de tu objeto], a salvo del peligro eternamente.

UN HECHIZO PARA PROTEGER UN OBJETO

1. Coloca la hoja de albahaca fresca dentro del objeto, o frota la hoja suavemente sobre él.

2. Apoya el dedo índice y el medio (dedo corazón) sobre el objeto.

3. Visualiza una luz violácea brillante que emana de tus dedos, y que rodea al objeto tres veces.

4. Entrelaza la cinta plateada alrededor del objeto.

5. Pronuncia el encantamiento tres veces.

6. Retira la cinta y guárdala en un lugar seguro.

VIAJES SEGUROS

Este hechizo te protegerá en un viaje, no importa cuán largo o corto sea (¡puede ser simplemente el camino a casa de un amigo!). Sin embargo, para que el hechizo funcione correctamente, debes estar alerta y concentrada en tu viaje. Si te encuentras con una situación que te inquieta, sé sensata, sigue tus instintos y, si es necesario, cambia de ruta. Haz este hechizo en casa, lo más cerca del momento del viaje como te sea posible.

Materiales:

- Cuatro velas blancas pequeñas
- Aceite esencial de sándalo
- Cuadrado de tela azul oscuro
- Cordón blanco
- Una pizca de albahaca
- Una pizca de romero
- Una pizca de sal marina
- Cristal de cuarzo blanco
- Moneda de plata

ENCANTAMIENTO

Que nuestras vidas
—por tierra o por mar—
estén protegidas.
Que nos conceda salud
este sortilegio
hasta regresar
a casa de nuevo.

UN HECHIZO PARA PROTEGERTE EN UN VIAJE

1. Prepara un baño y añade el aceite esencial de sándalo. Coloca las velas en las cuatro esquinas de la bañera.
2. Métete en la tina y visualiza el viaje, imaginando que llegas sana y salva a tu destino.
3. Cuando te sientas descansada, termina el baño y apaga las velas.
4. Coloca la albahaca, el romero, la sal marina, el cuarzo blanco y la moneda de plata en el centro del cuadrado de tela azul, y pronuncia el encantamiento.
5. Con el cordón blanco, ata la tela en una bolsa, y llévala contigo durante todo el viaje.
6. Vuelve a encender las cuatro velas al llegar a casa en señal de agradecimiento por el buen viaje.

Encierra tu buena suerte

Casi cualquier objeto puede ser un amuleto de la suerte, pero debe ser algo que signifique mucho para ti, por ejemplo, un obsequio de un amigo, un guijarro que hayas encontrado en la playa o una hermosa pluma. La energía que le confieras a tu amuleto de la suerte se triplicará, y mantenerlo cerca tuyo te recordará que la suerte es algo que puedes aprovechar para tu beneficio. Realiza este encantamiento cualquier día entre la luna nueva y la luna llena.

Materiales:

- Vela de noche azul
- Varilla de incienso de rosa
- Hojas de menta
- El objeto que deseas convertir en tu amuleto de la buena suerte

ENCANTAMIENTO

Abro los ojos a lo que me rodea,
salud y felicidad, riqueza y seguridad.
Las energías fluyen y se mezclan con fortuna.
Que este [nombre de tu objeto]
sea bendecido bajo el influjo de la Luna.

UN HECHIZO PARA HACER UN AMULETO DE LA SUERTE

1. Enciende con cuidado la vela azul y la varilla de incienso de rosa.

2. Sostén el objeto en la mano con la que escribes y visualiza que la energía ingresa en tu cuerpo desde la tierra (hacia arriba) y desde el cielo (hacia abajo).

3. Imagina que la energía se mueve hacia la palma de tu mano y pasa al objeto.

4. Pronuncia el encantamiento.

5. Frota suavemente el objeto con las hojas de menta, y deja que la vela arda y se consuma.

HECHIZOS DE SOL

En lo posible, evita influir en el clima con demasiada frecuencia. La naturaleza sabe lo que hace, y como hechicera deberías mostrarle respeto. Sin embargo, en ocasiones especiales, hay algunas formas de pedir días bonitos. Los hechizos climáticos son difíciles, y puede que tu petición no siempre sea concedida. Antes de decidirte a realizar este hechizo, piensa con detenimiento: ¿es realmente vital tener buen tiempo? Si lo es, deberías realizar este encantamiento en tu espacio de hechizos una semana antes de la fecha objetivo.

Materiales:

- Vela dorada
- Cristal de jaspe rojo
- Bolígrafo y papel

ENCANTAMIENTO

Soplan buenos vientos en este día tan especial para mí. Recuérdame dentro de una semana y aleja la lluvia de mi morada.

UN HECHIZO PARA FAVORECER EL BUEN CLIMA

1. Dibuja un pequeño mapa del área donde quieres que brille el sol. ¡No es necesario que sea preciso ni detallado!

2. Enciende la vela dorada con cuidado y mueve el mapa en el sentido de las agujas del reloj (alrededor de la vela, tres veces). Concéntrate en la llama.

3. Pronuncia el encantamiento, plegando el papel por la mitad cada vez que recites una línea.

4. Coloca el papel plegado bajo el cristal de jaspe rojo en un lugar debajo de tu ventana y apaga la vela.

La oportunidad toca
a tu puerta

Todos los días estás rodeada de posibilidades y oportunidades. Cuanta más atención les prestes, más aparecerán. Para que este hechizo tenga mayor éxito, debes tener en mente el tipo de oportunidades que quieres. Medita en ellas antes de realizar el encantamiento. Libera tu imaginación y ¡déjala volar! Debes pronunciar este hechizo en tu casa y renovarlo cada luna nueva.

Materiales:

- Cuenco de tierra
- Trozo de tela verde
- Cinta blanca
- Bolígrafo, papel y tijera
- Varilla de incienso de cedro
- Manzanilla seca
- Aceite esencial de menta
- Aceite esencial de madreselva

ENCANTAMIENTO
Te invoco con humildad, poder del azar,
guíame hacia la oportunidad.
Parte de la naturaleza y de la tierra,
lo que valgo déjame ganar.

UN HECHIZO PARA CREAR OPORTUNIDADES

1. En el papel, dibuja un trébol de cuatro hojas. Debe ser pequeño, del tamaño de una estampilla de correos. En una cara del trébol, escribe tu nombre, y en la otra, haz un dibujo de ti misma (¡no importa lo detallado que sea el dibujo!). Ahora recórtalo por los bordes.

2. Extiende la tela y coloca el trébol y la manzanilla en el centro. Añade una gota de aceite esencial de menta y una gota de aceite esencial de madreselva.

3. Lleva las esquinas de tela hacia el centro hasta hacer una pequeña bolsa. Átala con la cinta blanca.

4. Pronuncia el encantamiento. Mientras lo recitas, pasa tus dedos por la tierra del cuenco.

5. Enciende la varilla de incienso de cedro con cuidado y pasa la bolsa a través del humo que desprende (durante unos segundos).

6. Guarda la bolsa en un lugar seguro de tu dormitorio.

Perdido y encontrado

Lo que sea que hayas perdido, este es un hechizo simple y rápido para ayudarte a encontrarlo de nuevo. Es importante recordar que este encantamiento sirve para localizar objetos perdidos. ¡Nunca debe ser utilizado en personas o seres vivos! Este hechizo funciona mejor durante la luna llena.

Materiales:

- Tres velas verdes pequeñas
- Una vela dorada pequeña
- Imagen del objeto perdido o algo que lo represente

ENCANTAMIENTO

I. Cambia el destino de este objeto.
Lo que se ha perdido
ahora se encontrará.
II. Muéstrame lo que necesito encontrar.
Alivia la preocupación
en mi mente.

UN HECHIZO PARA ENCONTRAR UN OBJETO PERDIDO

1. Enciende con cuidado las velas verdes mientras pronuncias la primera parte del encantamiento. Antes de encender cada vela, gira en el lugar, en el sentido de las agujas del reloj.

2. Coloca la vela dorada cerca de ti y de la imagen del objeto perdido.

3. Pronuncia la segunda parte del encantamiento mientras enciendes la vela dorada.

4. Espera a que las velas se consuman y se apaguen. Una vez que esto suceda, el hechizo comenzará a funcionar.

Encantamientos para el amor

San Valentín encantado

Este encantamiento te permitirá echar un breve vistazo hacia el futuro. Solo puedes realizarlo una vez por año, en la noche del 13 de febrero. Esta es la víspera del día de San Valentín, y es una noche que brilla con poderosas energías.

Materiales:

- Tres almendras
- Bolígrafo y papel
- Cualquier prenda de vestir blanca (¡incluso un calcetín!)

ENCANTAMIENTO

Almendras dulces y saludables,
muéstrenme quién será mi amor.
Que pueda vislumbrar en todo o en parte
hacia donde el futuro guía mi corazón.

UN HECHIZO PARA SOÑAR CON TU VERDADERO AMOR

1. Abre la ventana de tu dormitorio y respira profundamente el aire nocturno.

2. Imagínate a ti misma inspirando buena energía y exhalando el cansancio y la tristeza.

3. Sostén las tres almendras en la mano con la que escribes y pronuncia el encantamiento.

4. Coloca las almendras debajo de la almohada, y luego ponte la prenda de vestir blanca.

5. Concéntrate solo en ti misma mientras te duermes.

DESTÁCATE ENTRE LA MULTITUD

Este es un encantamiento para atraer a los demás hacia ti de forma positiva, pero no significa que siempre quieras que se fijen en ti las personas que atraes... Para obtener los mejores resultados, debes realizar este hechizo durante la luna llena.

Materiales:
- Círculo de tela rosa
- Cinta amarilla
- Pétalos de tu flor preferida
- Corazón de papel rojo (pequeño)
- Moneda brillante

ENCANTAMIENTO
Siete nudos para abrir los ojos,
siete nudos para provocar sonrisas.
Siete nudos para llamar su atención,
siete nudos para suscitar admiración.

UN HECHIZO PARA LLAMAR LA ATENCIÓN

1. Ubica el círculo de tela rosa frente a ti (en el suelo o sobre una mesa vacía).

2. Manteniendo la vista en el círculo, piensa en el tipo de persona que quieres atraer.

3. Coloca uno a uno los pétalos, el corazón de papel rojo y la moneda en el centro de la tela.

4. Une las esquinas de la tela en su centro hasta hacer una pequeña bolsa. Átala con la cinta amarilla, utilizando siete nudos. Mientras haces los nudos, pronuncia el encantamiento.

5. Cuelga la bolsa junto a tu cama, para que esté cerca de ti mientras sueñas.

BÚSQUEDA DE ALMAS

Este es un hechizo que atraerá a un alma gemela hacia ti.

No es para ser lanzado hacia una persona en particular.
Si lo realizas correctamente, atraerá el amor hacia ti, pero no funcionará si estás triste o enojada. Recuerda que la felicidad atrae la felicidad y el amor atrae al amor. Cuanto más amorosa seas con tu familia, amigos y mascotas —¡incluso con tus plantas!—, mejor funcionará este encantamiento. Antes de comenzar, medita para reflexionar acerca de lo que el amor significa para ti y qué características debería tener un alma gemela.

ENCANTAMIENTO
**Amor doy, y amor busco.
Tráeme un amor
que sea único.**

Materiales:
- Caja pequeña
- Bolígrafo con tinta roja
- Varilla de incienso de vainilla
- Romero seco
- Cristal de cuarzo rosa
- Vela rosa

UN HECHIZO PARA ENCONTRAR A TU ALMA GEMELA

1. Escribe sobre la caja, con tinta roja: «El amor es mío».

2. Enciende la varilla de incienso de vainilla. Luego, coloca el cristal de cuarzo rosa y el romero dentro la caja.

3. Coloca también dentro de la caja cualquier otra cosa que te recuerde al amor, como poemas o dulces en forma de corazón (¡nada que te haga pensar en una persona en particular!).

4. Imagínate siendo más feliz de lo que nunca has sido.

5. Enciende la vela rosa y pronuncia el encantamiento.

6. Apaga la vela y guárdala dentro de la caja (¡toma las precauciones necesarias; debe estar bien apagada!).

7. Deja que el incienso se consuma y cierra la caja.

> No debes abrir la caja hasta que hayas encontrado a tu alma gemela. En ese momento, toma el cristal de cuarzo y guárdalo en un lugar seguro. Entierra la caja bajo un poco de tierra.

Sanar el corazón

Las heridas físicas se curan rápidamente, pero un corazón roto parece durar una eternidad. Ningún hechizo puede curarlo completamente; solo el tiempo y la paciencia pueden hacerlo. Pero este encantamiento te ayudará a que sea más fácil de soportar. Sobre todo, no te aferres a la ira, los celos o la amargura. Cuanto más feliz te sientas, más fácil será perdonar y dejar ir el pasado. Deberías realizar este hechizo en casa un viernes por la mañana o por la tarde.

Materiales:

- Una bolsa de té de hierbas
- Sal marina
- Dos velas rosas
- Bolsa rosa con correas
- Cristal de cuarzo rosa
- Moneda de cobre
- Tazón pequeño
- Una buena pizca de hojas frescas de fresa
- Tres gotas de aceite esencial de fresa

ENCANTAMIENTO

Los poderes invisibles se elevan
y fluyen, protegiendo mi corazón,
que en lo profundo se hunde.
Pido ayuda en estos días difíciles,
guíenme hacia caminos
más luminosos y felices.

UN HECHIZO PARA ALIVIAR
UN CORAZÓN ROTO

1. Prepárate una taza de té de hierbas
   y enciende una vela rosa.

2. Prepara un baño y vierte en él una
   pizca abundante de sal marina.

3. Báñate mientras tomas el té. Cuando estés lista,
   sal de la bañera, sécate y vístete.

4. Cepíllate el cabello, respira profundamente
   y relájate. Enciende la segunda vela rosa.

5. En el tazón, mezcla las hojas y el aceite esencial
   de fresa. Al remover la mezcla, mírate en
   el espejo mientras pronuncias el encantamiento.

6. Coloca la mitad de la mezcla en la bolsa con
   la moneda de cobre y el cristal de cuarzo rosa,
   y lleva la bolsa contigo.

7. Deja la otra mitad de la mezcla en el tazón,
   y ponlo junto a tu cama.

8. Repite este encantamiento todos los viernes
   durante el tiempo que necesites.

Ver el futuro

Desde tiempos inmemoriales, los seres humanos han intentado vislumbrar el futuro... Pero, en el mejor de los casos, apenas podrás entrever un pequeño destello (¡incluso entonces, puede que no lo interpretes correctamente!). Así que no deposites toda tu confianza en lo que veas. En lugar de eso, haz el hechizo con el corazón alegre y liviano, ¡y diviértete un poco! Debes realizar este encantamiento en tu casa, preferiblemente antes del mediodía.

Materiales:

- Trozo de tela azul
- Hojas de fresno
- Hojas de laurel
- Hojas de acebo
- Pétalos de jazmín
- Pétalos de rosa
- Flores de caléndula
- Cordón dorado
- Bolígrafo y papel

ENCANTAMIENTO

Dulce descanso y visión interior,
bendice mis sueños mágicos hoy.
Hazme saber lo que me espera
mientras sueño con quimeras.

UN HECHIZO PARA ASOMARSE AL FUTURO

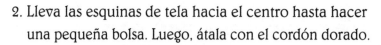

1. Extiende la tela azul. Coloca en su centro las hojas de fresno, laurel y acebo, los pétalos de jazmín y rosa, y las flores de caléndula.

2. Lleva las esquinas de tela hacia el centro hasta hacer una pequeña bolsa. Luego, átala con el cordón dorado.

3. En el papel, escribe con la mayor claridad posible lo que deseas averiguar sobre el futuro.

4. Coloca la bolsa de hierbas y la nota debajo de tu almohada, mientras pronuncias el encantamiento.

5. Acuéstate enseguida. ¡Tus sueños te traerán la respuesta a tu pregunta! En cuanto te despiertes, escribe lo que soñaste en tu diario de sueños.

Buscador de encantamientos

«Es importante recordar que hay magia dentro de cada uno de nosotros».

J. K. ROWLING

Otros títulos de la colección:
Astrología * Cristales * Lectura de manos